# Die kleinen Yogis

Susie Arnett • Doug Kim

# Die kleinen Yogis

Aus dem Amerikanischen von
Christine Bendner

nymphenburger

Die Originalausgabe erschien 2005 unter dem Titel
»Born Yogis« bei Rodale Inc.


Book Design by Christine Gaugler
Die Zitate von B.K.S. Iyengar wurden mit
seiner Erlaubnis abgedruckt.


www.nymphenburger-verlag.de

Printed in China

ISBN 978-3-485-01098-6

# DANK

Viele Menschen haben an der Entstehung dieses Buches mitgewirkt. Zuallererst möchten wir uns bei Suzanne Balaban bedanken, die durch ihre Unterstützung einen unschätzbar wertvollen Beitrag leistete. Auch Margot Schupf möchten wir dafür danken, dass sie unserem Buch ein »Zuhause« gab. Jennifer DeFilippi half uns, unser Konzept auszuarbeiten und trug dazu bei, dass unsere Idee Realität wurde. Sara Seller gebührt Dank, weil sie uns mit sicherer Hand führte, und Christina Gaugler für die bezaubernde Gestaltung. Daniel Greenberg beschenkte uns großzügig mit seiner Zeit und Weisheit und half uns, unser kleines Schiff sicher durch die Untiefen des Verlagswesens zu steuern. Ohne Dennis Dalrymple, der uns bei den Verhandlungen zur Seite stand, hätten wir schon bald die Orientierung verloren und wären ziellos umhergetrieben. Die Yogis, die uns bei unseren Recherchen unterstützten, sind Michelle Broussard, Annmarie Solo und Britta Bushnell. Außerdem möchten wir uns bei B.K.S. Iyengar bedanken, dessen inspirierende Worte unsere Bilder zum Leben erwecken. Darüber hinaus wurden wir sehr von den Müttern der Babys, wie Melissa Oliver, Hiro Zeoli und Dhari Thein, unterstützt. Kathy Wu entwarf ein phänomenales Modell des Buches, als wir erst drei Fotos und eine Idee hatten. Und wo wären wir ohne Noureddine El-Warari, die alle in diesem Buch enthaltenen Fotos druckte und deren Hände so wunderschöne Bilder aus der Dunkelheit zaubern.

Zum Schluss noch ein ganz großes Dankeschön an unsere Familien für ihre Liebe und Ermutigung.

Befreiung geschieht durch die kleinen Dinge, hier und jetzt.

B.K.S. Iyengar

# VORWORT

In einem meiner Mutter-und-Kind-Yogakurse hatte ich ein kleines Mädchen, das, als wir den Hund übten, auf Anhieb eine perfekte Haltung einnahm. Wie alle Kinder war es schon mit dem inneren Wissen um diese uralte Praxis auf die Welt gekommen. In den alten Schriften können wir lesen, dass Babys die 108 Yogastellungen bereits im Mutterleib einnehmen. Eine unserer Aufgaben als Lehrer und Eltern besteht darin, unseren Kleinen dabei zu helfen, ihr angeborenes Wissen zu entfalten.

Die Fotos in diesem Buch sind eine wunderbare Inspiration und zeigen uns, dass Yoga für uns alle – Jung und Alt – eigentlich etwas ganz Natürliches ist. »Die kleinen Yogis« werden ein Lächeln auf Ihr Gesicht zaubern. Ich habe es sehr genossen, dieses Buch zu lesen, denn ich weiß, dass es das Licht unserer Kleinen einmal mehr erstrahlen lässt und unsere Herzen mit Freude erfüllt.

Frieden, Licht und Liebe für alle

GURMUKH KAUR KHALSA
*Leiter der Golden Bridge Yoga-Schule*
*Los Angeles, Kalifornien*

# EINLEITUNG

Babys sind geborene Yogis.

In jeder Phase ihrer Entwicklung drehen und biegen sie sich in eine Vielfalt von Asanas, die jeden Meister-Yogi vor Neid erblassen ließe. Wenn sie Krabbeln lernen, beugen sie ihren Körper in die Kobra-Stellung. Und kurz bevor sie zu laufen beginnen, bewegen sie sich wochenlang in der Hunde-Stellung vorwärts. Sogar während des Schlafs rollen sie sich unbewusst in eine Asana, die den passenden Namen »Kind-Haltung« trägt.

Diese Haltungen fördern die motorische Koordinationsfähigkeit und stärken die Muskulatur, die für ein gesundes Wachstum nötig ist. Yoga ist sowohl eine instinktive Übung für ein Kind auf dem Weg zum aufrechten Gang, als auch unsere bewusste Ausführung auf unserer Reise zur Selbsterkenntnis. Ob unser Ziel körperliche Geschmeidigkeit oder tiefe Konzentration ist (niemand ist mehr »präsent« als ein Kind, das in die Augen seiner Mutter blickt), Yoga hilft uns, das wieder zu entdecken, womit wir geboren wurden und was uns mit zunehmendem Alter oftmals verloren ging.

Zu beobachten, dass ein Kind spontan Yoga-Stellungen einnimmt, ist eine Sache, diese Haltungen mit der Kamera festzuhalten eine ganz andere. Die Fotografien in diesem Buch sind eingefangene Momente: Bruchteile von Sekunden, in denen das Licht, der natürliche, freie Ausdruck und die Haltung eine vollkommene Einheit bilden. Die meisten Bilder zeigen Haltungen und Bewegungen, die völlig spontan zustande kamen. Das einzige gestellte Element war die Platzierung der Yoga-Matte im richtigen Licht.

Diese Aufnahmen erforderten ein großes Maß an Geduld und Ausdauer. Die Belohnung für das Warten und die vielen verbrauchten Filmrollen sind diese wunderbaren, fast poetischen Momente, die ganz und gar nicht vorhersagbar waren. Myles ging bei der zweiten Aufnahme plötzlich in eine erstaunlich intensive Rückwärtsbeuge, die seine Mutter bei ihm noch nie beobachtet hatte. Prompt drehte er sich in zwei weitere Rückwärtsbeugen, bevor er weglief, um zu spielen.

Zane, das Baby, das Sie in der Berg-Stellung sehen, krabbelte gerade über die Dachterrasse eines Hauses, als er plötzlich aufstand und die Arme im Überschwang nach oben streckte. Seine Eltern schrieen entzückt auf, denn es war das erste Mal, dass er aufrecht stand. Dieser Bruchteil einer Sekunde, dieser winzige, zauberhafte Moment, der sich so nie wiederholen wird, ist nur einer der vielen Augenblicke, die auf diesen Seiten für immer festgehalten wurden.

Weil der uralte Geist des Yoga in Kindern so lebendig ist, haben wir viele alte Yoga-Texte – von der ursprünglichen Yoga-Schrift, der *Bhagavat Gita,* bis hin zu Patanjalis *Yoga Sutras* – durchforstet, um Passagen zu finden, die die Stimmung der Fotos wiedergeben und ergänzen. Der Begleittext stammt teilweise auch aus modernen Schriften, beispielsweise den Werken von B.K.S. Iyengar. Diese Worte – ob vor 2500 Jahren oder heute niedergeschrieben, ob meditativ oder überschwänglich, verspielt oder verhalten – sollen unsere Augen für die spirituelle Dimension in unseren Kindern öffnen. Sie sind nicht nur Yogis, sondern auch spirituelle Lehrer.

Diese Sammlung von Aufnahmen spiegelt die Sequenz eines Sonnengrußes wider, der traditionell am Morgen praktiziert wird. Wir hoffen, dass diese Baby-Gurus, diese geborenen Yogis, Sie beim Betrachten der folgenden Seiten der Erleuchtung ein wenig näher bringen.

*Susie Arnett und Doug Kim*

*Suche dir einen stillen Platz, um Yoga zu üben,*

windgeschützt, eben und sauber,

frei von Abfall, qualmenden Feuern und Hässlichkeit,

wo das Geräusch fließenden Wassers und die Schönheit

des Ortes Besinnung und Kontemplation fördern.

*UPANISCHADEN*

**Margaret**
16 Monate

## *Sukhasana*
## Der Schneidersitz

Wenn die fünf Sinne und der Geist still sind

und auch die Gedanken in Stille ruhen,

beginnt der höchste Pfad.

Diese ruhige Ausgeglichenheit der Sinne

wird Yoga genannt.

*UPANISCHADEN*

**Kadin**
13 Monate

# *Tadasana*
# Der Berg

*Die ersten Früchte der Yoga-Praxis* sind

Gesundheit, weniger Körperausscheidungen und eine

klare Haut, körperliche Leichtigkeit und

Geschmeidigkeit, ein angenehmer Körpergeruch,

ein sanfte Stimme und die *Abwesenheit*

*habgieriger Wünsche.*

UPANISCHADEN

**Zane**
14 Monate

# *Uttanasana*

## Die Vorwärtsbeuge

Diese Stellung ist eine Wohltat für Menschen, die sich schnell aufregen, denn sie bringt die Gehirnzellen zur Ruhe. Nach dieser Asana fühlt man sich entspannt und gelassen, die Augen beginnen zu leuchten und der Geist ruht in innerem Frieden.

B.K.S. Iyengar

**Callie**
16 Monate

# *Chaturanga Dandasana*
## Die Stock-Haltung

Wenn der Yogi die **absolute KONTROLLE**

über seinen Körper erlangt hat, der aus den Elementen Erde,

Wasser, Feuer, Luft und Äther besteht, erhält er

einen neuen Körper aus **spirituellem FEUER,**

der ***jenseits*** von Krankheit, Alter und Tod existiert.

*UPANISCHADEN*

**Mason**
7 Monate

# *Bhujangasana I*
# Die Kobra

Der Körper sollte vom Nabel bis zu den Zehen den Boden berühren. Man lässt die Handflächen auf dem Boden ruhen und hebt den Kopf und die Schultern wie eine Schlange. Es heißt, dass diese Haltung die Körpertemperatur ansteigen lässt, alle möglichen Krankheiten vertreibt und die »Schlangenkraft« weckt.

*Gheranda Samhita*

**Ely**
7 Monate

# *Adho Mukha Svanasana*
# Der nach unten schauende Hund

Betrachte deinen Körper nicht einfach als einen Klumpen Fleisch …

ER IST EIN EDLES WERKZEUG.

In seinem Innern findest du alle heiligen Plätze, Götter, Mantras

und die Quelle aller außergewöhnlichen Kräfte dieser Welt …

GOTT WOHNT IM KÖRPER.

SWAMI MUKTANANDA

**Everly**
8 Monate

# *Urdhva Mukha Svanasana*
## Der nach oben schauende Hund

Der Körper löst sich nach und nach auf wie ein

ungebranntes Tongefäß, das man in Wasser stellt.

Deshalb sollte man für körperliche

Widerstandskraft sorgen, indem man den

Körper mit dem Feuer des Yoga härtet.

GHERANDA SAMHITA

**Cheyanne**
32 Monate

# *Tadasana*
# Der Berg

Am Tage ist es die Sonne, die scheint,

in der Nacht scheint der Mond.

Ein Krieger glänzt in seiner Rüstung

und ein Brahmane leuchtet in Meditation.

*Dhammapada*

**Isabela**
20 Monate

# *Trikonasana*
# Das Dreieck

Zu unserem *SELBST* finden wir nicht

in der *GETRENNTHEIT* von Gott und anderen

Menschen, sondern in der unablässigen Verwirklichung

des Yoga: der *EINHEIT*.

Rabindranath Tagore

**Cosmo**
28 Monate

## *Virabhadrasana I*
## Der Krieger I

Stehe aufrecht

oder dein Selbst bricht zusammen.

B.K.S. Iyengar

**Leon**
36 Monate

# *Virabhadrasana II*

## Der Krieger II

So wie ein Felsmassiv

von keinem Sturm erschüttert wird,

so bleibt der Weise unberührt,

ob man ihn lobt oder schmäht.

*Dhammapada*

**Isabela**
26 Monate

# *Virabhadrasana III*
# Der Krieger III

*Ausgeglichenheit*

ist das Geschenk des Schöpfers.

B.K.S. Iyengar

**Alexandra**
31 Monate

# *Utkatasana*
# Die kraftvolle Haltung

Wenn du einem anderen in die Augen schaust,

siehst du das Selbst,

furchtlos und frei vom Tod.

Das ist der höhere Geist,

Brahman, das höchste Sein.

*Upanischaden*

**Margaret**
16 Monate

# *Vrksasana*
# Der Baum

*Alle* Pflichten, wie auch Wohlstand, Vergnügungen,

Befreiung und ebenso *alle* Menschen und Dinge

in der Welt – in den Augen eines Yogi ist alles

wie das [imaginäre] Wasser einer Fata Morgana.

*Avadhuta Gita*

**Cheyanne**
32 Monate

# *Balasana*
# Die Kind-Haltung

So wie eine Schildkröte ihre Gliedmaßen in

ihren Panzer zurückzieht,

so sollte der Yogi seine Sinne nach innen richten.

*Goraksha-Paddhati*

*Von links:* **Zachary und Isabel**
Beide 17 Monate

# *Virasana*
# Der Held

An einem abgeschiedenen Ort sitzend,

frei von Wünschen und mit beherrschten Sinnen,

sollte man ohne zu denken

über dieses eine unendliche Selbst meditieren.

SHANKARA

**Taryn**
13 Monate

## *Supta Virasana*
## Der liegende Held

Aus meinem *Licht*

gehen der Körper und die Welt hervor.

*Ashtavakra Gita*

**Ford**
32 Monate

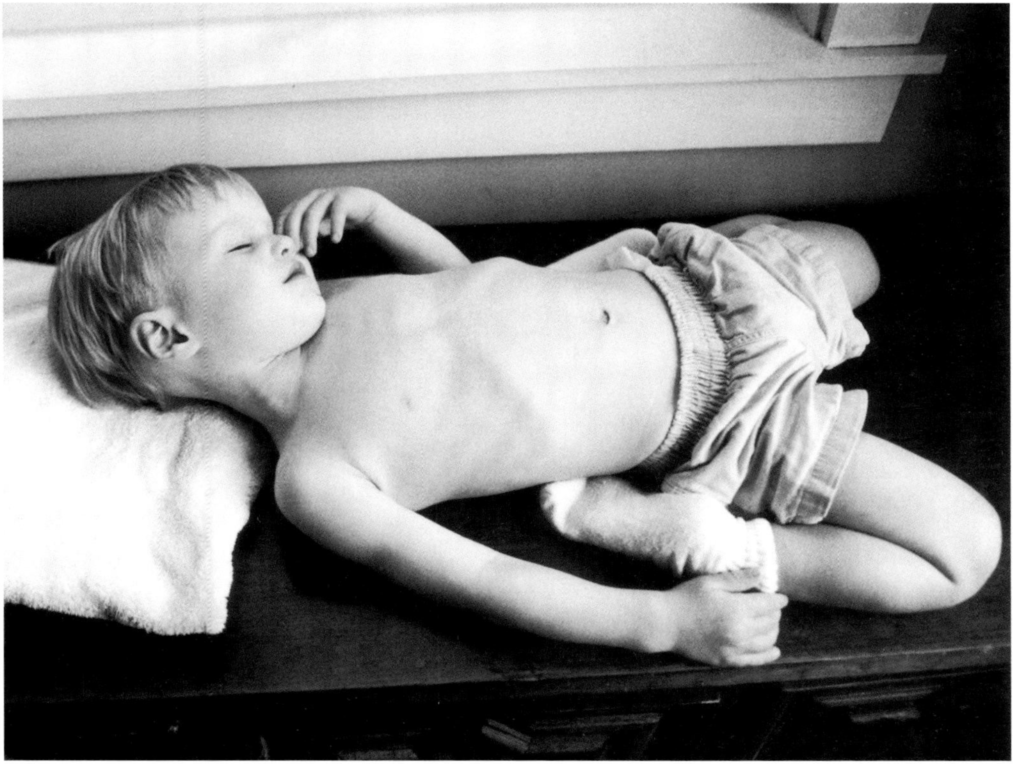

# *Matsyasana*
# Der Fisch

Gesundheit ist *Reichtum*.

Innerer Frieden ist *Glück*.

*Yoga* zeigt den Weg.

SWAMI VISHNU-DEVANANDA

**Theory**
34 Monate

# *Halasana*
# Der Pflug

Jeder Heilige ist ein Yogi.

Jeder Yogi ist ein Heiliger.

B.K.S. Iyengar

**Emerson**
34 Monate

# *Urdhva Mukha Svanasana*
# Der nach oben schauende Hund

In den Asanas

CHANTEN wir

mit unseren Körpern.

B.K.S. Iyengar

**Maisie**
25 Monate

# *Shalabhasana*
# Die Heuschrecke

Asanas machen uns WIDERSTANDSFÄHIG,

*FREI* von Beschwerden und Gebrechen

und sorgen für einen *geschmeidigen Körper.*

*HATHA-YOGA-PRADIPIKA*

**Maya**
5 Monate

## *Dhanurasana*
## Der Bogen

Der Körper ist der Bogen,

die Asana ist der Pfeil

und die Seele ist das Ziel.

B.K.S. Iyengar

**Asher**
35 Monate

# *Purvottanasana*
# Die Rückwärtsbeuge

Mein Lehrer sagte zu mir:

Dieses Kind, das du noch immer bist, ist dein wahres Selbst.

Geh' zurück in diesen Zustand des reinen Seins,

wo das *Ich Bin* noch in seiner ursprünglichen

Reinheit existiert, so wie es war, bevor es mit

*Ich bin dies, ich bin das* verunreinigt wurde.

Ramana Maharshi

**Tydeman**
35 Monate

# *Urdhva Dhanurasana*
# Der Bogen nach oben

Yoga ist wie *Musik*.

Der *Rhythmus* des Körpers,

die *Melodie* des Geistes

und die *Harmonie* der Seele

erschaffen die *Symphonie des Lebens*.

B.K.S. Iyengar

**Myles**
29 Monate

# *Sirsasana*
# Der Kopfstand

Wer den Kopfstand

drei Stunden täglich übt,

ÜBERWINDET DIE ZEIT.

*UPANISCHADEN*

**Lily**
29 Monate

## *Eka Pada Sirsasana*

## Die Fuß-hinter-dem-Kopf-Haltung

Die Suche der Seele,

der göttliche Funke in uns,

sind der Sinn und Zweck des Yoga.

B.K.S. Iyengar

**Kelly**
22 Monate

## *Upavistha Konasana*
## Die weit gegrätschte Sitz-Haltung

Der Körper ist der Tempel des Geistes.

Halte den Tempel rein durch Yoga.

B.K.S. Iyengar

**Eden**
8 Monate

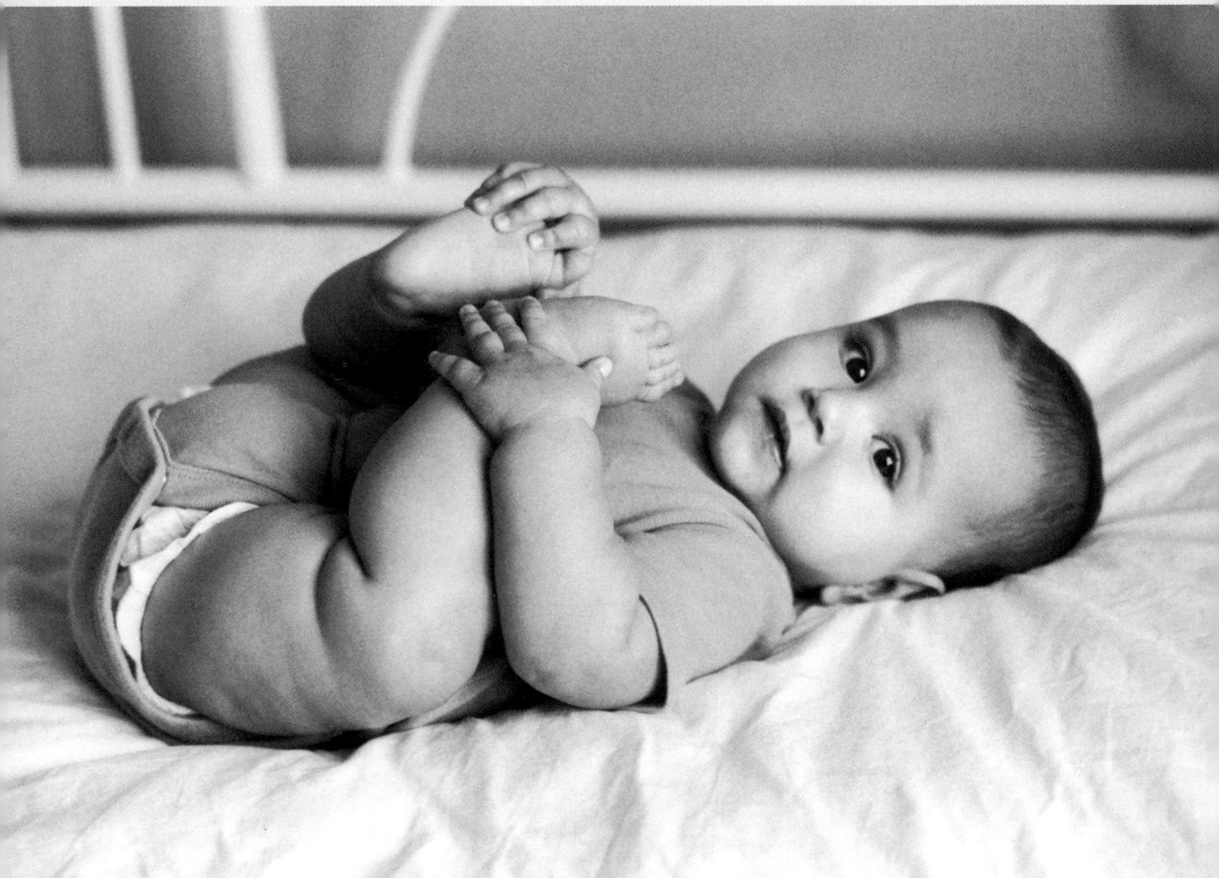

# Das glückliche Baby

Der Weise meditierte über die äußeren Elemente, die Erde,
die Sonne, das Feuer, das Wasser, und die inneren Elemente,
die Augen, die Ohren, den Geist, die Knochen, die Haut
und die Muskeln und er entdeckte ...

***alles ist heilig!***

*UPANISCHADEN*

**Nathan**
5 Monate

# *Adho Mukha Svanasana*

## Der nach unten schauende Hund

So wie man durch das Erlernen des Alphabets

nach und nach alle Wissenschaften meistern kann,

so gelangt man zur Erkenntnis der Wahrheit,

indem man zunächst gründlich den Körper trainiert.

GHERANDA SAMHITA

**Tobias**
36 Monate

## *Navasana*
## Das Boot

Auch wenn ich es noch nicht zum Ausdruck

gebracht habe: *Es ist in mir.*

Alles Wissen ist in mir,

*alle Kraft* und

*alle Freiheit.*

SWAMI VIVEKANANDA

**Aurora**
25 Monate

*Prasarita Padottanasana*

Die Vorwärtsbeuge mit weiter Grätsche

Yoga ist die Musik der Seele.

Fahre also damit fort, und die

Türen der Seele werden sich öffnen.

B.K.S. Iyengar

**Miles**

26 Monate

# *Makarasana*
# Das Krokodil

Durch ständige Meditation vergisst man die Welt.

In dieser Ruhe erlangt der Yogi wunderbare Kräfte.

*Shiva Samhita*

**Erin**
8 Monate

# *Ugrasana*
# Die furchtsame Haltung

Strecke beide Beine zusammen nach vorne aus,

umfasse die Füße fest mit den Händen

und lege den Kopf auf die Knie.

Diese Stellung wird »Die furchtsame Haltung« genannt;

sie regt das Feuer des *Lebensatems* an.

SHIVA SAMHITA

# *Paschimottanasana*
# Die Vorwärtsbeuge im Sitzen

Die Weisen machen es so:

Sich einer Sache WIDMEN,

darüber NACHDENKEN,

miteinander darüber SPRECHEN

und sie VERSTEHEN.

*YOGA-VASISHTHA*

***Von links:* Robbie und Megan**
30 Monate und 22 Monate

## *Paschimottanasana*
## Die Vorwärtsbeuge im Sitzen

Yoga ist die Beherrschung

der Gedankenwellen

des Geistes.

*Yoga Sutras*

**Aidan**
11 Monate

# *Bhujangasana II*
# Die Sphinx

… Oh Göttin, wie schwer ist es,

einen Lehrer zu finden,

der alles so hell erleuchtet

wie die Sonne.

*Kula-Arnava-Tantra*

**Forrest**
23 Monate

# *Simhasana*
# Der Löwe

Steh' wie ein Felsen; du bist unzerstörbar.

Du bist das Selbst, der Gott des Universums. Sag':

*»Ich bin das absolute Sein, die absolute*

*Glückseligkeit, das absolute Wissen,*

*Ich bin Er.«*

Swami Vivekananda

**Max**
36 Monate

# *Virasana*
# Der Held

Ich habe keinen Guru und habe keine Einweihung

erfahren; ich folge keiner Disziplin und habe

keine Pflichten zu erfüllen.

Wisse, dass ich der weite, formlose Himmel bin;

*Ich bin die ursprüngliche Reinheit.*

*Avadhuta Gita*

**Zane**
14 Monate

# *Biralasana*
# Die Katze

Erfolg im Yoga stellt sich nicht durch das Lesen heiliger Schriften ein. Erfolg stellt sich nicht durch das Tragen des Gewandes eines Yogi oder Sannyasi (Einsiedlers) ein und auch nicht, indem man darüber redet.

*Allein beharrliches Üben ist das Geheimnis des Erfolgs.*

Wahrlich, daran gibt es keinen Zeifel.

HATHA-YOGA-PRADIPIKA

**Roman**
7 Monate

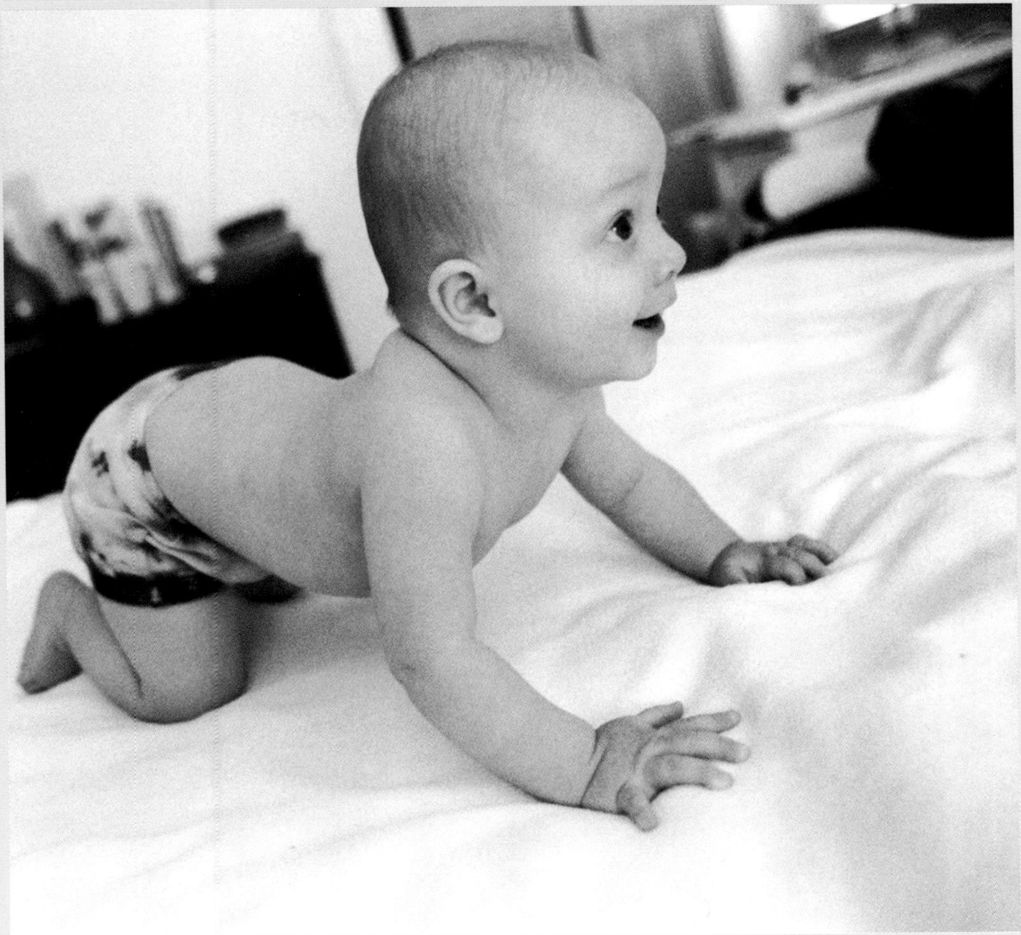

# *Bharadvajasana*
# Der einfache Drehsitz

Diejenigen, die Yoga mit

REINEM GEIST UND REINEM HERZEN praktizieren,

entdecken Atman im eigenen Innern.

*Bhagavad Gita*

**Aidan**
23 Monate

# *Paschimottanasana*
## Die Vorwärtsbeuge im Sitzen

In jeder **Haltung**

sollte **Ruhe** einkehren.

B.K.S. Iyengar

**Vanessa**
4 Monate

# Das glückliche Baby

Säe Liebe, *ernte Frieden …*

Säe Meditation, *ernte Weisheit.*

Swami Sivananda

**Emi**
4 Monate

## *Jathara Parivartanasana*
## Die Drehung im Liegen

Yoga wird dich nicht zur Reinheit führen,

ein ruhiger Geist wird dich nicht zur Reinheit führen,

die Anweisungen des Lehrers werden

dich nicht zur Reinheit führen.

*Diese Reinheit ist dein inneres Wesen;*

Sie ist dein eigenes Bewusstsein.

*Avadhuta Gita*

**Erika**
7 Monate

## *Supta Baddha Konasana*

## Der liegende festgehaltene Winkel

*Du musst den Duft der Asana in dir aufnehmen.*

B.K.S. Iyengar

**Jackson**
4 Monate

# *Jathara Parivartanasana*
# Die Drehung im Liegen

*Jede Bewegung ist mein Mantra.*

B.K.S. Iyengar

**Logan**
10 Monate

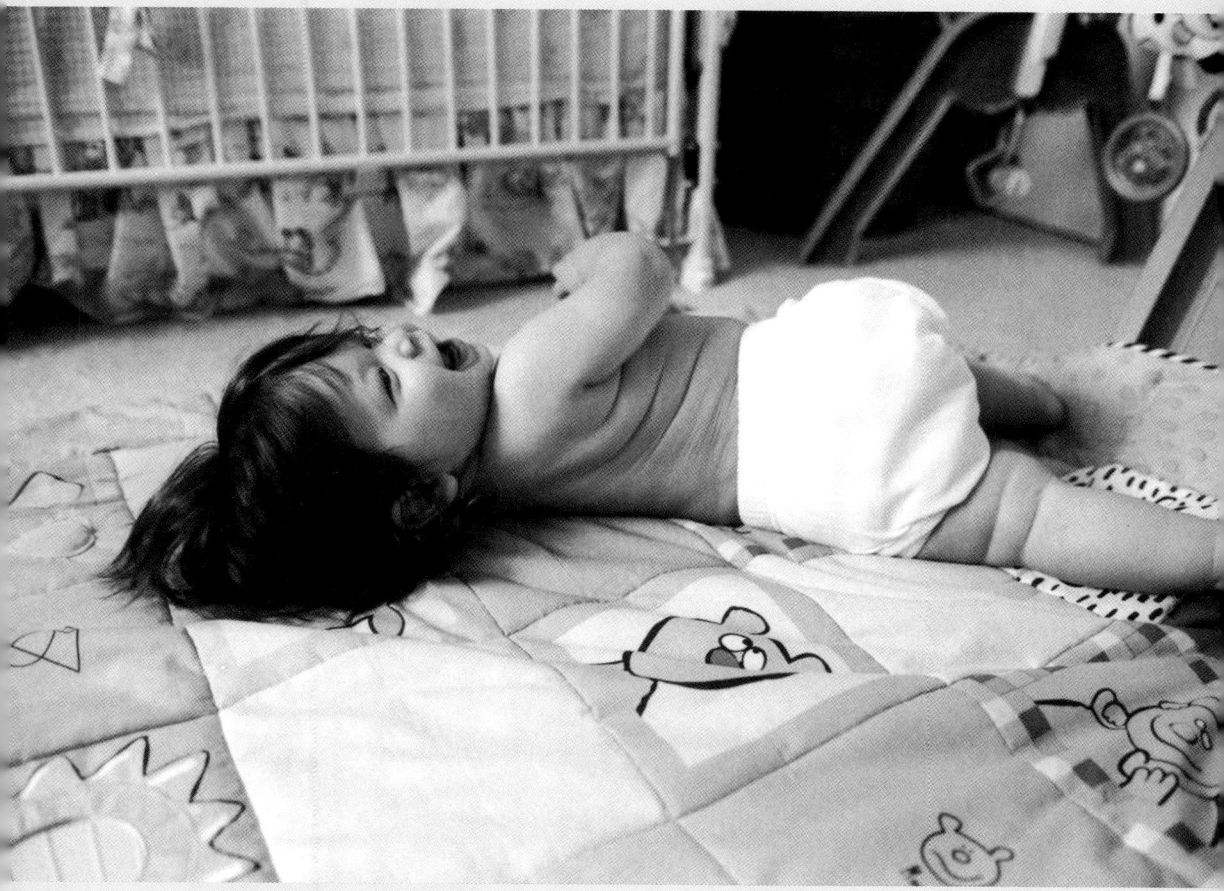

# *Mrtasana*
# Die Totenstellung

Wie ein Leichnam flach auf dem Boden zu liegen,

wird Mrtasana (die Totenstellung) genannt;

diese Haltung vertreibt Müdigkeit

und bringt den unruhigen Geist zur Ruhe.

Gheranda Samhita

**Cole**
9 Monate

# *Sukhasana*
# Der Schneidersitz

Durch das Üben von Yoga und das Verstehen

der Wege von Dunkelheit und Licht,

erreichst du den höchsten Zustand von allen,

die Heimkehr zur Göttlichen Liebe,

die in deinem Herzen wohnt.

*BHAGAVAD GITA*

**Emma Jane**
27 Monate

# *Pranayama*
# Die Atemkontrolle

OM ist Geist. Alles ist OM.

Mit OM beginnen die uralten Gesänge.

Die Priester beginnen mit OM, die Lehrer beginnen mit OM.

Der Schüler, der OM murmelt, ist auf der Suche nach der

geistigen Welt und findet sie schließlich.

*UPANISCHADEN*

**Bruno**
34 Monate

So wie ein Samenkorn zum Baum wird,

mit Zweigen, Blättern, Blüten und Früchten,
so wird Chiti (das Bewusstsein) aus sich selbst
heraus zu Tieren, Bakterien, Insekten, Göttern,
Dämonen, Männern und Frauen. Ich sah dieses
strahlende Bewusstsein, leuchtend und unglaublich
schön, still als höchste Ekstase pulsierend in mir,
um mich herum, über mir und unter mir.

Swami Muktananda

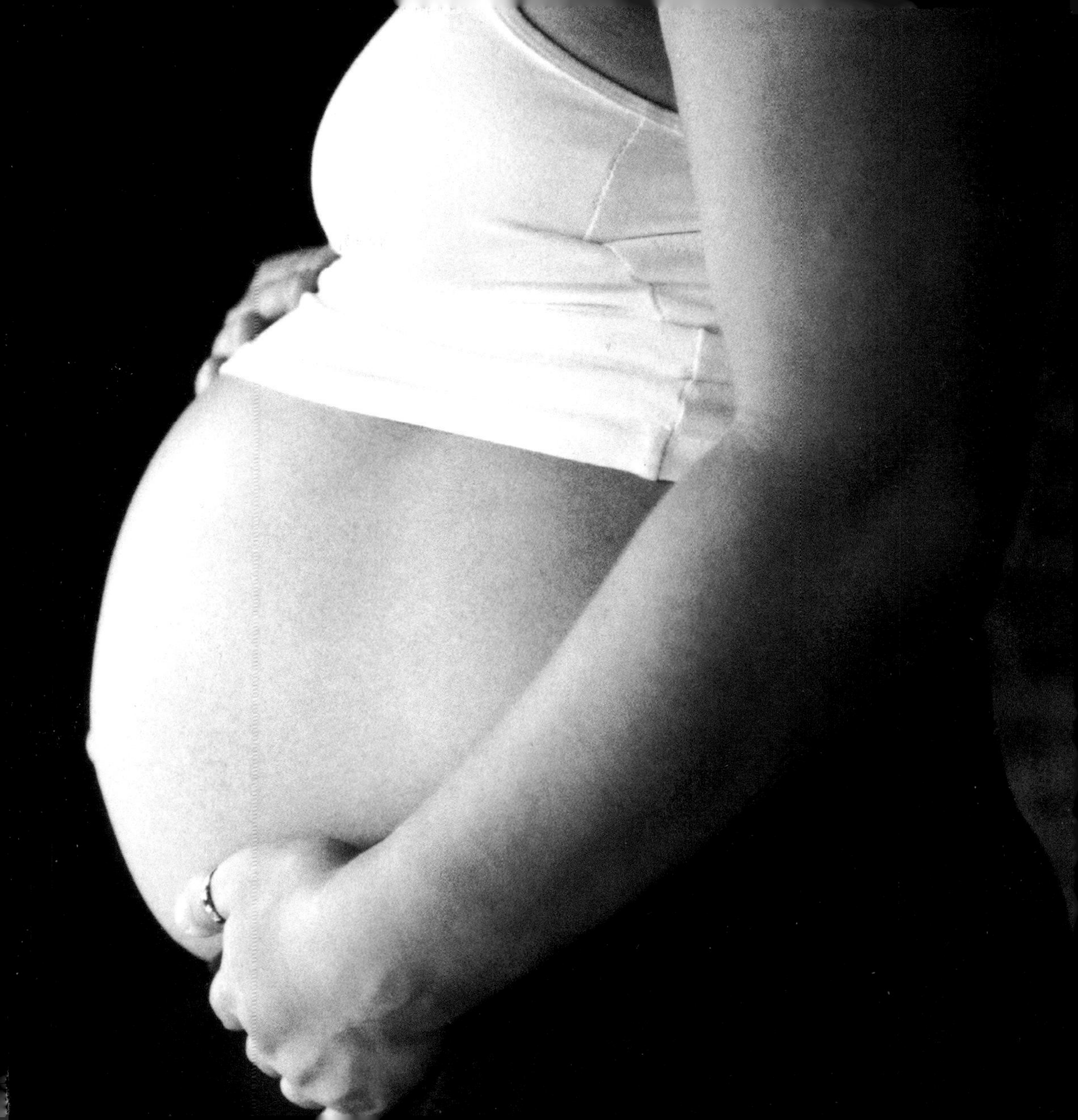

# DIE AUTOREN

**Susie Arnett** hat als Fernsehproduzentin und leitende Konzeptentwicklerin für viele große amerikanische Fernsehsender gearbeitet. Mittlerweile ist sie Mutter von zwei kleinen Yogis. Sie lebt in Topanga, Kalifornien.

**Doug Kim** ist Dokumentar- und Kunstfotograf. Seine Arbeiten wurden bereits in diversen amerikanischen Magazinen veröffentlicht. Er lebt in Los Angeles.